まちごとチャイナ

Macau 004 Guiahill
東望洋山とマカオ半島北部
關閘と「海の見える丘」から

Asia City Guide Production

【白地図】マカオ

CHINA
マカオ

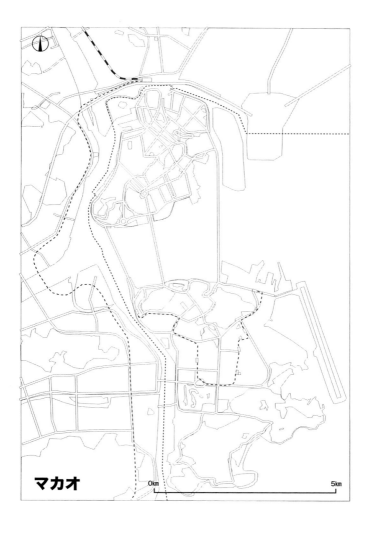

Guiahill 白地図

マカオ

【白地図】マカオ半島北部

CHINA
マカオ

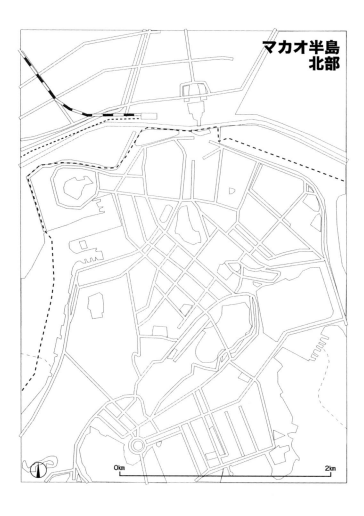

【白地図】聖ラザロ地区聖美基街區

CHINA
マカオ

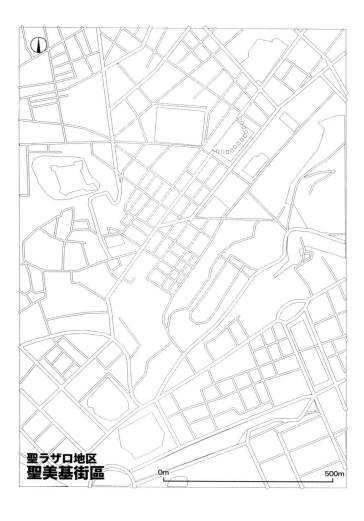

Guiahill 白地図

聖ラザロ地区
聖美基街區

0m 500m

【白地図】ギアの丘東望洋山

CHINA
マカオ

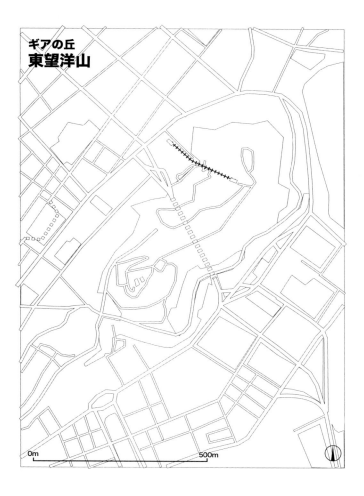

【白地図】サムチャンダン三盞燈

CHINA
マカオ

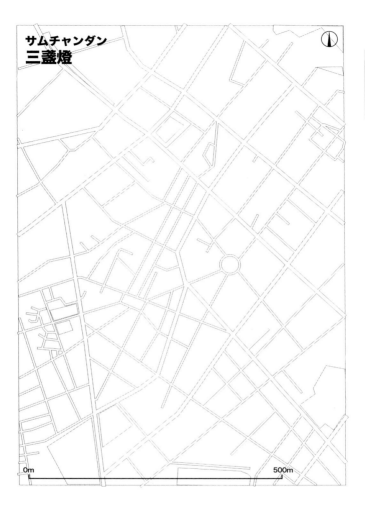

【白地図】クワンツァ關閘

CHINA
マカオ

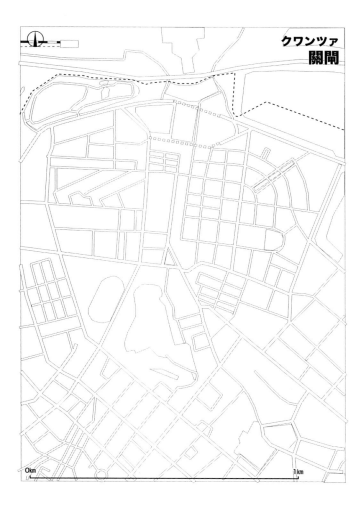

【白地図】モンハの丘望廈山

CHINA
マカオ

モンハの丘
望廈山

Guiahill 白地図

【白地図】港珠澳大橋

CHINA
マカオ

港珠澳大橋

【まちごとチャイナ】
マカオ001 はじめてのマカオ
マカオ002 セナド広場とマカオ中心部
マカオ003 媽閣廟とマカオ半島南部
マカオ004 東望洋山とマカオ半島北部
マカオ005 新口岸とタイパ・コロアン

CHINA
マカオ

いくつかの小高い丘がたつマカオ半島。ポルトガルがこの地に進出するにあたって、故国の都リスボンを思わせる場所を選んだと伝えられる。マカオ半島東部には東望洋山がそびえ、その頂きには南欧を思わせる教会と灯台が立っている。

キリスト教会や西欧風の建築が残るマカオ中心部の聖美基街區。そこから北の地域では、徐々に中国の街の趣きへ変化していき、マカオ庶民の生活が息づく市場や道教寺院が見られる。そしてマカオ北方の守りを固める要塞がおかれていた

關閘と「海の見える丘」から
東望洋山トンモンヨンサン
Guia Hill

望廈山が位置する。

　この望廈山からまっすぐ北に向かって進むと、マカオと中国広東省珠海を結ぶ關閘へとたどり着く。この關閘はもともと中国が西欧人を隔離するためにつくられたもので、長いあいだ中国とポルトガルの国境となっていた。現在では一国二制度のもの、マカオと珠海の一体化が進み、多くの人々が關閘を行き交っている。

【まちごとチャイナ】
マカオ 004 東望洋山とマカオ半島北

目次

東望洋山とマカオ半島北部 …………………………………xviii

ポルトガルと広東と …………………………………xxiv

聖美基街城市案内 …………………………………xxxi

東望洋山城市案内…………………………………xlvi

三盞燈城市案内 …………………………………liii

望廈山城市案内 …………………………………lxi

中国と西欧の交わり …………………………………lxxxii

【MEMO】

【地図】 マカオ

CHINA
マカオ

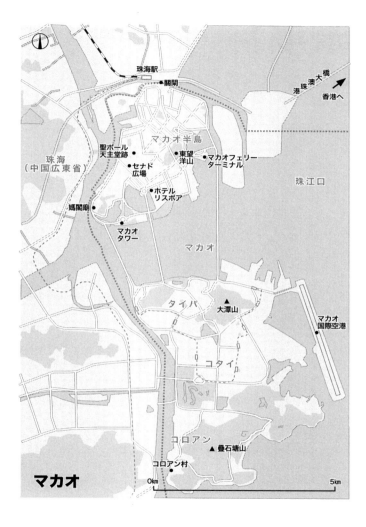

ポルトガルと広東と

CHINA
マカオ

1557年以来、ポルトガルの植民都市となってきたマカオ
この街の建設をになうため多くの中国人が流入した
ポルトガルと中国が交わりを見せる世界

7つの丘がそびえる街

ポルトガル人が東アジアの拠点として選んだマカオは、彼らの母国の街リスボンと似た7つの丘がそびえるところだった（リスボンもまた7つの丘をもつローマを意識して選ばれたと言われる）。マカオの丘陵は、かつての活火山の活動によるものだとされ、起伏に富んだ地形となっている。この街では坂道が続き、マカオと同じようにポルトガル人が拠点を構えた長崎も同様のことが言える。マカオ半島の南西端に西望洋山（西の海を望む山）、東部に東望洋山（東の海を望む山）がそびえ、また中国広東省に向かうように望厦山が立つ。

▲左 香港とマカオを船が往復する。　▲右 道教寺院の蓮峯廟、参拝に訪れた人が見える

広東人たちのマカオ

1557年以来、ポルトガルの植民都市として発展を見せたマカオ（香港の割譲は1842年）は、中国近代史の舞台にもなってきた。この街にはアヘンのとり締まりにあたった林則徐が常宿の場とした蓮峯廟、医師としてマカオで働いた経験をもつ「中国革命の父」孫文の記念館などが残る。1863年までポルトガル人と中国人の居住区はわけられ、中国人は当時の港があった内港近くの十月初五日街を中心に暮らした。19世紀に太平天国の乱が起こると、戦乱を避けるために多くの中国人がポルトガル領マカオに流入し、半島北部には道教寺

CHINA
マカオ

▲左 かつて孫文はマカオの医院で働いていた、孫中山紀念館。 ▲右 あまり見慣れないものも飾られている、東洋望山にて

院や地元の人たちでにぎわう市場が位置する。

中国とポルトガルの国境

マカオと中国広東省珠海をわける關閘は、1573年、「中国側がポルトガル人を監視する」目的で築かれた。中国では古く（唐代）から外国人を蕃坊と呼ばれる居留地に隔離して住まわせ、交易を行なうという伝統があった（広州での交易の季節以外は、西欧人はマカオに居住した）。そのため1999年にマカオが中国に返還されるまで、ここは中国とポルトガルをわける陸路国境となっていた。

【MEMO】

【地図】マカオ半島北部

【地図】マカオ半島北部の ［★★★］
- ☐ 東望洋炮台 Guia Fortress ギア要塞 ［世界遺産］

【地図】マカオ半島北部の ［★★☆］
- ☐ 聖美基街區 St. Lazarus District 聖ラザロ地区
- ☐ 東望洋燈塔 Farol da Guia ギアの灯台 ［世界遺産］
- ☐ 聖母雪地殿教堂 Lgreja de Nossa Senhora da Guia ギアの教会 ［世界遺産］
- ☐ 三盞燈 San Kiu 三盞燈
- ☐ 關閘 Barrier Gate 関門

【地図】マカオ半島北部の ［★☆☆］
- ☐ 望德堂 St. Lazarus Church 聖ラザロ教会
- ☐ 望廈山公園 Mong Ha Park モンハ公園
- ☐ 紀念孫中山市政公園 Dr. Sun Yat Sen Municipal Park 孫文記念公園
- ☐ 黑沙環 Area Preta 黒沙環
- ☐ 青洲山 Colina da Ilha Verde 青洲山

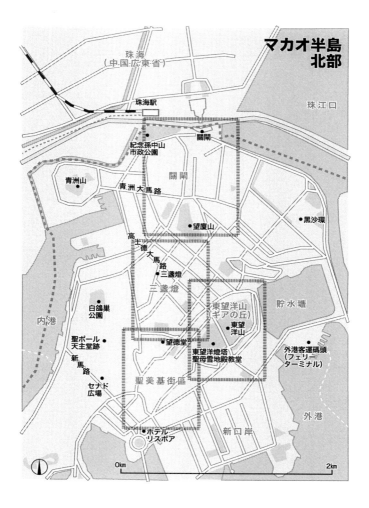

【MEMO】

CHINA
マカオ

Guide,
St. Lazarus District
聖美基街
城市案内

美しい街並みが残る聖美基街區
そこから北には孫中山紀念館や
盧廉若花園が位置する

葡萄牙駐港澳領事館ポートーガジュエゴンオリンシグン
Portuguese Consulate ポルトガル領事館 [★☆☆]

聖ポール天主堂跡の南東に位置する葡萄牙駐港澳領事館。1999年に中国に返還されるまでマカオは、ポルトガルの主権下にあった。この建物は20世紀初期に建てられたもので、現在もマカオではポルトガル語が街を彩っている。

聖美基街區スィンメイケイガイコウ
St. Lazarus District 聖ラザロ地区 [★★☆]

聖ポール天主堂跡の東側に位置し、望徳堂や聖味基墳場など

【地図】聖ラザロ地区聖美基街區

【地図】聖ラザロ地区聖美基街區の ［★★☆］
- [ ] 聖美基街區 St. Lazarus District 聖ラザロ地区
- [ ] 孫中山紀念館 Casa Memorial de Dr.Sun Yat-San 孫中山記念館

【地図】聖ラザロ地区聖美基街區の ［★☆☆］
- [ ] 葡萄牙駐港澳領事館 Portuguese Consulate ポルトガル領事館
- [ ] 望德堂 St. Lazarus Church 聖ラザロ教会
- [ ] 藝竹苑 Albergue SCM 藝竹苑
- [ ] 荷蘭園大馬路 Avenida de Conselheiro Ferreira de Almeida オランダ通り
- [ ] 塔石街 Tap Seac Square 塔石街
- [ ] 聖味基墳場 Cemetery of St.Michael 聖ミカエル墓地
- [ ] 東望洋街 Rua Ferreira do Amaral 東望洋街
- [ ] 華士古達伽馬公園 Vasco da Gama Garden バスコ・ダ・ガマ公園
- [ ] 盧廉若花園 Lou Lim Ieoc Garden ロウ・リム・イオック庭園
- [ ] 澳門茶文化館 Macau Tea Culture House マカオ茶文化館
- [ ] 得勝公園 Garden of Vitory 得勝公園
- [ ] 鏡湖醫院 Kiang Wu Hospital 鏡湖病院
- [ ] 消防博物館 Fire Services Museum 消防博物館

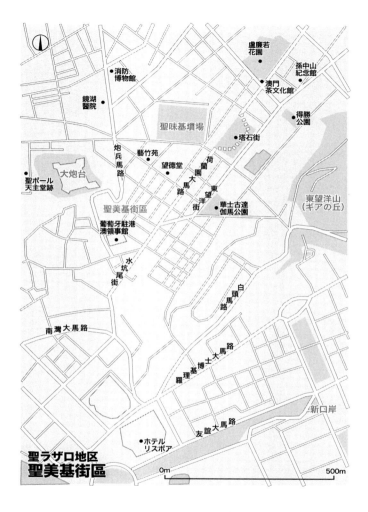

▲左　美しい石畳が敷かれている。　▲右　かつての宗主国ポルトガルの領事館

ポルトガル統治時代の雰囲気を残している聖美基街區。美しいコロニアル様式の建物のなかには、図書館やギャラリーも見られる。

望德堂モンダックトン
St. Lazarus Church 聖ラザロ教会 [★☆☆]

望德堂は、聖安多尼教堂、聖老楞佐教堂とともにマカオ黎明期に建てられた由緒ある教会。創建は1568年前後にさかのぼると言われ（ポルトガルのマカオ上陸が1557年）、その後、450年にわたってマカオの歴史とともに歩みを見せてきた。

【MEMO】

CHINA
マカオ

現在の建物は1886年に建てられたもので、その後、幾度か改修されている。望徳堂が建てられたころ、近くには中国人居住区があり、この教会にはハンセン病患者を収容する施設があったという。

藝竹苑ガイジュクユェン Albergue SCM 藝竹苑 [★☆☆]
藝竹苑は、マカオの文化や芸術に関する情報を発信するギャラリー。もともと仁慈堂の運営する老人ホームがあったことから、仁慈堂婆仔屋と呼ばれ、その時代の建築がそのまま転用されている。

▲左 南欧を思わせる荷蘭園大馬路界隈。　▲右 白い外観をもつ望徳堂、マカオ黎明期からの伝統をもつ

荷蘭園大馬路ホーランユァンダイマァロゥ
Avenida de Conselheiro Ferreira de Almeida
オランダ通り ［★☆☆］

オランダ通り」という名前をもつ荷蘭園大馬路。ポルトガルに次いで東アジアに進出してきたオランダにちなんで名前がとられている。1622年の戦いをはじめ、オランダは数度マカオ攻略を試みており、そのときにとらえられたオランダ人捕虜（技術者として用いられた）がこのあたりで暮らしていたという。

CHINA
マカオ

オランダの攻勢

16世紀末、独立を果たした新興国のオランダは、インド洋におけるポルトガルの拠点を次々に奪い、新たな海の覇者となっていた。1619年、オランダはバタヴィア(ジャワ)に交易拠点を建設すると、1622年にはマカオを奪取するための攻撃をはじめた。ポルトガルはマカオを死守したが、翌1623年には本国からカピタンジェネラルがマカオに派遣され、強い自治体制で運営されるようになった。

Guiahill 聖美基街城市案内

塔石街タッセイガイ Tap Seac Square 塔石街 [★☆☆]

望徳堂の北東に位置する塔石街。あたりにならぶ格調高いコロニアル建築は、20世紀初頭に建てられた。

聖味基墳場スィンメイゲイファンチョン
Cemetery of St.Michael 聖ミカエル墓地 [★☆☆]

望徳堂の北側、1854年に造営された聖味基墳場。本国から遠く離れたマカオで没したポルトガル人が眠っている。墓石のうえに、かたどられた西欧風の彫刻が見られる。

CHINA
マカオ

東望洋街トンモンヨンガイ
Rua Ferreira do Amaral 東望洋街 [★☆☆]

マカオ東部にそびえる東望洋山の西麓を走る東望洋街。南灣公園からバスコ・ダ・ガマ公園へと続き、この通りをさらに北に進むと孫中山記念館が見える。

華士古達伽馬公園ワイグゥーダッケマコンユェン
Vasco da Gama Garden バスコ・ダ・ガマ公園 [★☆☆]

バスコ・ダ・ガマがインド航路を「発見」した1498年から数えて、400年目の1898年に開園した華士古達伽馬公園。

▲左　孫中山紀念館のファザード。　▲右　熱帯の植生が見られる盧廉若花園

園内にはガマの像があり、台座にはその航海をモチーフとした叙事詩『ウズ・ルジアダス』の詩が刻まれている。

孫中山紀念館シュンチョンサンゲイリムグン
Casa Memorial de Dr.Sun Yat-San 孫中山記念館 [★★☆]

1911年の辛亥革命を指導し、中国の近代化に貢献した「革命の父」孫文を記念する孫中山紀念館。広東省に生まれた孫文は1892年から94年までマカオの鏡湖病院に医師として勤務し、実際にこの建物で生活を送っていた。ポルトガルの統治するマカオでは清朝の影響がおよびづらく、マカオや香港

CHINA
マカオ

など外国の空気を受けるなかで、孫文は革命の精神を培っていったという。孫中山紀念館では、孫文の直筆による原稿や写真などが展示されている。

盧廉若花園ロウリムイォクファーユェン
Lou Lim Ieoc Garden ロウ・リム・イオック庭園 [★☆☆]
盧家屋敷（世界遺産）を所有していた豪商、盧一族によって整備された盧廉若花園。屋敷と同じ19世紀に造園され、池や山など自然の景観をとり入れた伝統的な中国式庭園となっている。20世紀後半になってマカオ政府が管轄するようになった。

澳門茶文化館オウムンチャマンファグン
Macau Tea Culture House マカオ茶文化館 ［★☆☆］

盧廉若花園の敷地内にある澳門茶文化館。お茶は中国南方の特産品で、なかでも西欧人の嗜好にあった紅茶がマカオから輸出されていた（中国茶の輸入がイギリス経済を圧迫し、1840年のアヘン戦争へとつながった）。この博物館では西欧と中国双方の茶道具の展示が見られる。

CHINA
マカオ

得勝公園ダッシンコンユェン
Garden of Vitory 得勝公園 [★☆☆]

得勝公園は、1622年の対オランダ戦争の勝利を記念して建てられた小さな公園。19世紀に整備された。

**Guide,
Guia Hill**
東望洋山
城市案内

CHINA
マカオ

マカオ東部にそびえる東望洋山
山上には東望洋燈塔、聖母雪地殿教堂が立ち
マカオの街が眼下に広がる

二龍喉公園 イルゥンハウコンユェン
Garden of Flora 二龍喉公園 [★☆☆]

東望洋山の麓に位置する二龍喉公園。動物園があり、家族連れの姿が見られる。ここから山頂へ向かう松山纜車（ケーブルカー）が出ている。

松山市政公園 チュンサンスィージンコンユェン
Guia Hill Municipal Park 松山市政公園 [★☆☆]

ケーブルカーが伸びる丘陵は松山と呼ばれ、あたりは松山市政公園として整備されている。ここから南側には世界遺産の

▲左　聖母雪地殿教堂の壁面に描かれた絵画。　▲右　山上へのケーブルカーが伸びる、二龍喉公園

東望洋炮台が位置する。またこの山には防空用のトンネルが掘られていて、防空洞展示廊も公開されている。

東望洋炮台トンモンヨンパウトイ
Guia Fortress ギア要塞［世界遺産］［★★★］

マカオ半島部でもっとも高い標高92mの東望洋山（ギアの丘）に立つ東望洋炮台。半島南西部の西望洋山（ペンニャの丘）とともにマカオの防御拠点となっていた。1622年にオランダの攻撃でマカオが陥落しかけたことを教訓に、この城塞の建設がはじまり、1638年に完成した。高さ6mの堅牢なつく

【地図】ギアの丘東望洋山

【地図】ギアの丘東望洋山の［★★★］
- ☐ 東望洋炮台 Guia Fortress ギア要塞［世界遺産］

【地図】ギアの丘東望洋山の［★★☆］
- ☐ 東望洋燈塔 Farol da Guia ギアの灯台［世界遺産］
- ☐ 聖母雪地殿教堂 Lgreja de Nossa Senhora da Guia ギアの教会［世界遺産］
- ☐ 孫中山紀念館 Casa Memorial de Dr.Sun Yat-San 孫中山記念館

【地図】ギアの丘東望洋山の［★☆☆］
- ☐ 二龍喉公園 Garden of Flora 二龍喉公園
- ☐ 松山市政公園 Guia Hill Municipal Park 松山市政公園
- ☐ 塔石街 Tap Seac Square 塔石街
- ☐ 東望洋街 Rua Ferreira do Amaral 東望洋街
- ☐ 華士古達伽馬公園 Vasco da Gama Garden バスコ・ダ・ガマ公園
- ☐ 盧廉若花園 Lou Lim Ieoc Garden ロウ・リム・イオック庭園
- ☐ 螺絲山公園 Jardim Municipal da Montanha Russa モンターニャ・ルサ公園
- ☐ 通訊博物館 Communications Museum 通信博物館

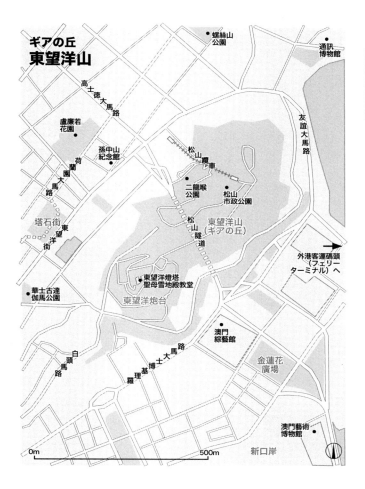

CHINA
マカオ

りをしていて、造営にあたっては 1622 年の戦いで捕虜になったオランダ人技術者も参加したという。

東望洋燈塔トンモンヨンダンタップ
Farol da Guia ギアの灯台 ［世界遺産］［★★☆］

要塞とともに丘のうえに立つ東望洋燈塔。この灯台は 1865 年に建てられた歴史をもち、東アジア最古の灯台として、マカオへ来航する船の灯火となってきた。13m の高さにくわえ重量感あるたたずまいをしていて、隣の教会とならんで立つ様子は南欧の風景を思わせる。

▲左　聖母雪地殿教堂、ここからの眺めは素晴らしい。　▲右　ずんぐりとした灯台の東望洋燈塔

聖母雪地殿教堂スィンモスエットデイディンガウトン
Lgreja de Nossa Senhora da Guia
ギアの教会 ［世界遺産］［★★☆］

東望洋燈塔のすぐ隣に立ち、マリア像が安置された聖母雪地殿教堂。こぢんまりとしているが、マカオ黎明期の1620年代に建てられた歴史をもつ。1996年の工事中、天井と壁から鮮やかな色をしたフレスコ画が偶然見つかり、当時の雰囲気を伝える貴重な資料となっている。

**Guide,
San Kiu**

三盞燈
城市案内

露店がずらりとならぶ三盞燈
近くには蓮溪廟などの道教寺院が立ち
地元のマカオ人の暮らしに接することができる

三盞燈サムチャンダン San Kiu 三盞燈 ［★★☆］

放射状に伸びる道路の中心にある三盞燈。この界隈はマカオ人が日常的に利用する露店や屋台などが軒を連ねる。広場の中心に立つ街灯が角度によって3つに見えることから三盞燈と名づけられた。

義字街イィジガイ Rua da Emenda 義字街 ［★☆☆］

三盞燈の西側を走り、細い路地や露店が続く義字街。食料品や日用品などを扱う店も多く、マカオの下町の面影を残している。

【地図】サムチャンダン三盞燈

【地図】サムチャンダン三盞燈の [★★☆]
- [ ] 三盞燈 San Kiu 三盞燈

【地図】サムチャンダン三盞燈の [★☆☆]
- [ ] 義字街 Rua da Emenda 義字街
- [ ] 紅街市 Red Market 紅街市
- [ ] 蓮溪廟 Lin Kai Temple 蓮溪廟
- [ ] 鏡湖醫院 Kiang Wu Hospital 鏡湖病院
- [ ] 消防博物館 Fire Services Museum 消防博物館
- [ ] 聖味基墳場 Cemetery of St.Michael 聖ミカエル墓地
- [ ] 盧廉若花園 Lou Lim Ieoc Garden ロウ・リム・イオック庭園
- [ ] 望廈山公園 Mong Ha Park モンハ公園

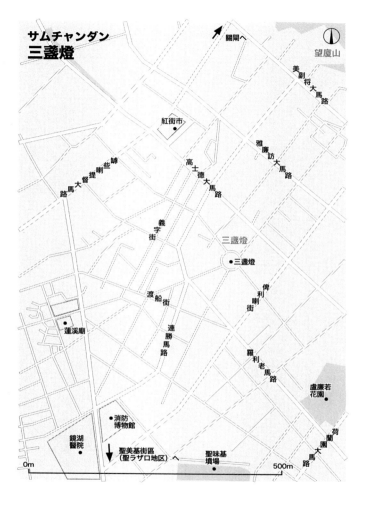

▲左　バナナ、オレンジなど色とりどりのフルーツがならぶ。　▲右　マカオ人の生活が息づく三盞燈界隈

紅街市ホンガイスィー Red Market 紅街市　[★☆☆]

モンハの丘の南西部、下町の面影が残る街並みのなかにある紅街市。家庭用品や生鮮食料、野菜、魚介類などがそろうところから、多くの買いもの客でにぎわっている。紅街市という名前は、1936年に建てられた三階建ての赤レンガ式建物に由来する。

蓮溪廟リンカイミュウ Lin Kai Temple 蓮溪廟　[★☆☆]

蓮溪廟は、清代に建立された道教寺院。蓮溪という名前は、蓮がマカオの象徴で（マカオ半島南端にも蓮の台座に立つ観

【MEMO】

音像がある)、このあたりを渓流が流れていたことによるという。廟近くには露店が出ていて、地元のマカオ人でにぎわっている。

鏡湖醫院ゲンウーイーユェン
Kiang Wu Hospital 鏡湖病院 ［★☆☆］

聖ポール天主堂跡の北側、マカオ消防局の近くに位置する鏡湖醫院。1871年から続く由緒ある病院で、医師として孫文が勤務していたことから、玄関先にはその銅像が飾られている。

▲左 ご利益を願う中国人がお参りする蓮溪廟。　▲右　赤色の外観が印象的な紅街市

消防博物館シウフォンボッマッグン
Fire Services Museum 消防博物館 [★☆☆]

マカオ消防署に併設されている消防博物館。20世紀初頭から消防署がおかれていた建物が転用されていて、建物自体の価値も高い。消防車や火消しに使うポンプが展示されている。

Guide, Mong Ha Hill
望厦山
城市案内

マカオ北部にそびえる望厦山
ここにはマカオの北を守る城塞がおかれ
あたりには普濟禪院や蓮峯廟といった古刹が残る

普濟禪院（觀音堂）クンイャムトン
Kun Iam Tong 観音堂 ［★★☆］

媽閣廟、蓮峯廟とともにマカオ三大名刹にあげられる普濟禪院。お堂が軸線に連なる中国の伝統的な伽藍様式をもち、本殿に観音がまつられている。この寺院の創建は13世紀にさかのぼると言われ（マカオの街がつくられるよりもはるかに古い）、1627年に現在のようなかたちになった。境内の庭には大きなガジュマルの大木が植えられていて、ご利益があるとして地元の人々から参拝を受けている。

CHINA
マカオ

モンハ条約の調印

普濟禪院は、清朝が弱体化するなかで1844年に清朝とアメリカで結ばれた不平等条約、モンハ条約の調印の舞台となったことでも知られる。この条約は1842年、アヘン戦争後に清朝がイギリスと結んだ南京条約の特権をアメリカにも認めさせる内容だった。当時の交渉で使われたテーブルと椅子が残っている。

▲左　媽閣廟、蓮峯廟とならび称される普濟禪院。　▲右　マカオ北側の街並み、雑居ビルがならぶ

螺絲山公園ローシサンコンユェン Jardim Municipal da Montanha Russa モンターニャ・ルサ公園 [★☆☆]

マカオ北部、普濟禪院の近くに位置する螺絲山公園。カタツムリのカタチをした展望台があり、「ルサ」とはカタツムリを意味する（螺絲は「ネジ」の意味）。ゴーカート場が整備されるなどマカオ市民に開かれた公園となっている。

【地図】クワンツァ關閘

【地図】クワンツァ關閘の [★★☆]
- [ ] 普濟禪院（觀音堂）Kun Iam Tong 観音堂
- [ ] 蓮峯廟 Lin Fung Temple 蓮峯廟
- [ ] 關閘 Barrier Gate 関門
- [ ] 三盞燈 San Kiu 三盞燈

【地図】クワンツァ關閘の [★☆☆]
- [ ] 螺絲山公園 Jardim Municipal da Montanha Russa モンターニャ・ルサ公園
- [ ] 通訊博物館 Communications Museum 通信博物館
- [ ] 望廈山公園 Mong Ha Park モンハ公園
- [ ] 澳門林則徐紀念館 Lin Zexu Memorial Museum of Macau 林則徐記念館
- [ ] 逸園賽狗場 Greyhound Racing ドッグレース場
- [ ] 紀念孫中山市政公園 Dr. Sun Yat Sen Municipal Park 孫文記念公園
- [ ] 紅街市 Red Market 紅街市

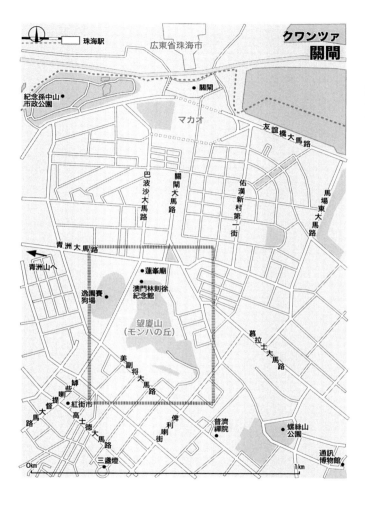

Guiahill 望廈山城市案内

【地図】モンハの丘望廈山の [★★☆]
- [ ] 蓮峯廟 Lin Fung Temple 蓮峯廟

【地図】モンハの丘望廈山の [★☆☆]
- [ ] 望廈山公園 Mong Ha Park モンハ公園
- [ ] 亞婆石 Portuguese Stone 亜婆石
- [ ] 澳門林則徐紀念館 Lin Zexu Memorial Museum of Macau 林則徐記念館
- [ ] 逸園賽狗場 Greyhound Racing ドッグレース場

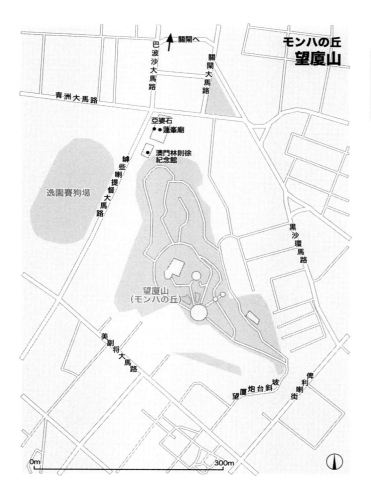

CHINA
マカオ

通訊博物館トンスンボッマッグン
Communications Museum 通信博物館 ［★☆☆］

郵便や電話、通信に関する展示が見られる通訊博物館。マカオの郵便は1824年にはじまり、その歴史や切手のコレクションの展示がならぶ。またラジオやテレビなどのメディアに関するもの、電流や電磁波の原理に関する展示も見られる。

▲左 カタツムリのようなオブジェが見られる螺絲山公園。　▲右 マカオ北側の守りを固めていた望廈山

望廈山公園モンハサンコンユェン
Mong Ha Park モンハ公園 [★☆☆]

マカオ半島のつけ根近く、かつてポルトガルと中国の領土をわけた關閘の真南にそびえる望廈山。この丘のうえに望廈山公園が整備されていて、マカオ市街を一望することができる。もともと 1849 年、ポルトガル総督フェレイラ・ド・アマラルによってこの丘に城塞が築かれ、難攻不落と言われる堅牢さを誇っていた。公園内には大砲や兵舎が残り、マカオの北の守備を固めていたのだという。

CHINA
マカオ

蓮峯廟 リンフォンミュウ Lin Fung Temple 蓮峯廟 [★★☆]
望廈山の北麓に位置する道教寺院、蓮峯廟。マカオ黎明期の1592年に建てられた歴史をもち、媽閣廟、普濟禪院と肩をならべるマカオの名刹として知られる。現在の建物は19世紀に建てられたもので、寺院奥に向かって門がいくつも連なり、境内の池には蓮が浮かぶ。境内は線香の匂いが立ちこめ、「海の守り神」媽祖、「商売の神様」関羽といった道教の神々がまつられている。この蓮峯廟は關閘に近いことから、かつて中国からマカオを訪れる人々の滞在先となっていた。19世紀のアヘンとり締まりで知られる林則徐もまたこの寺をマ

▲左　中国の伝統的な建築で建てられた蓮峯廟。　▲右　敷地内にはうずを巻く線香がおかれている

カオ滞在時に利用し、すぐ近くには林則徐記念館が位置する。

亞婆石アーポーセッ Portuguese Stone 亜婆石 [★☆☆]

蓮峯廟のすぐ脇におかれている亜婆石。1848年の文字、盾や城、ポルトガル王国の旗が刻印され、この石はポルトガル統治時代のマカオの様子を伝えている。1849年、地元民の恨みを買ったポルトガル総督アマラルが暗殺されたのがこのあたりだという。

CHINA
マカオ

澳門林則徐紀念館 オウムンラムジャクチュイゲイリムグン
Lin Zexu Memorial Museum of Macau 林則徐記念館 [★☆☆]

19世紀、イギリスが中国に密輸したアヘン問題にあたり、毅然とした態度でのぞんだ林則徐。清朝より命を受けた林則徐は、1839年にマカオの蓮峯廟に滞在し、中国代表としてポルトガルと会談することになった。この林則徐記念館には、そのときの両者の会談の様子が再現され、写真や資料をもちいた展示が見られる。

Guiahill 望厦山城市案内

アヘン戦争と香港の割譲

茶の貿易赤字を埋めるためにインド産アヘンを中国に密輸したイギリス。林則徐はアヘンのとり締まりに成果をあげる一方で、イギリス商人の反感を買い、やがて1840年、アヘン戦争が勃発することになった。結果、近代兵器で装備したイギリスが勝利し、その講和条約である1842年の南京条約で香港の割譲や上海などが開港された。こうしてそれまでマカオにおかれていた西欧の拠点が各地に築かれるようになり、マカオの地位は相対的に低下した。

CHINA
マカオ

逸園賽狗場ヤッユェンチョイガウチョン
Greyhound Racing ドッグレース場 [★☆☆]

犬を競争させて、その速さを競うドッグレース場（中国語で「狗」は、犬を意味する）。香港では競馬熱が高いことで知られるが、より面積の限られたマカオではドッグレースが開催されている。犬券を買って勝犬の予想をする。

▲左　アヘン戦争以後、マカオの繁栄は香港へ遷った、林則徐記念館。　▲右　かつて中国領とポルトガル領をわけた關閘

關閘クワンツァ Barrier Gate 関門 [★★☆]

一国二制度下にあるマカオと中国本土を陸路で結ぶ關閘。マカオへの植民がはじまって間もない1573年に、中国側がポルトガルを隔離する目的でつくられ、以来、1999年のマカオ返還までポルトガルと中国との国境がおかれていた（1952年にはポルトガルのアフリカ人部隊と中国人民解放軍がこのあたりで衝突するという事件もあった）。現在は整備されて公園になっていて、カモンエスの詩が刻まれた古い門が残っている。

【地図】港珠澳大橋

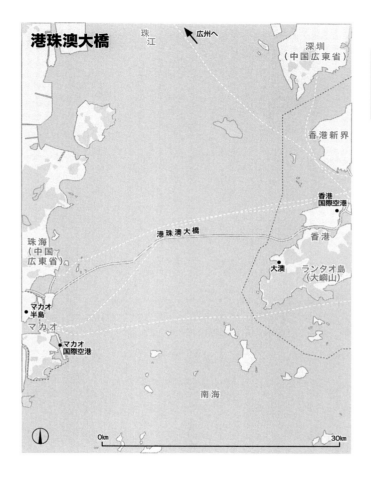

CHINA
マカオ

紀念孫中山市政公園
ゲイリムシュンチョンサンスィーチェンコンユェン
Dr. Sun Yat Sen Municipal Park 孫文記念公園　[★☆☆]

中国とのボーダー近く、鴨涌河のそばに広がる紀念孫中山市政公園。「革命の父」と尊敬を集める孫文は、医師としてマカオに滞在していたことがあり、マカオとのゆかりが深い。公園内には孫文の銅像のほか、中国とポルトガル両国の親善を表現した『永遠の握手』という名前の彫刻も見られる。

▲左　關閘に刻まれた 1849 の文字。　▲右　中国では皇帝を意味する龍の絵

黒沙環ハッサワン Area Preta 黒沙環 ［★☆☆］

マカオ半島東北部に位置する黒沙環。20 世紀になってから工業地帯として開発が進んだところで、その立地から珠海や香港への足がかりになる場所として注目されている。

青洲山チンチャウサン
Colina da Ilha Verde 青洲山 ［★☆☆］

小さな島だったが、埋め立てられて半島と一体化した青洲山（標高 55m）。19 世紀にはこの山頂に砲台が据えられ、マカオ北西部の守りを固めていた。

CHINA
マカオ

経済特区珠海

マカオに隣接する珠海は、1978年以降、鄧小平によって唱えられた改革開放の舞台となった。まずマカオに隣接する珠海、香港に隣接する深圳、台湾の対岸にあたる厦門、東南アジアへの華僑を多く輩出した汕頭で、税金などで優遇措置をとり、外資を呼び込む経済特区がおかれることになった（西側諸国の資本、制度を導入された）。珠海とマカオでは、言語、文化などで共通性が高く、一体化が進んでいる。

中国と西欧の交わり

CHINA
マカオ

大航海時代以降、中国でキリスト教の布教がはじまったが
決して成果をあげたとは言えなかった
巨大な文明と文明の接触

キリスト教の中国伝来

中国にいつキリスト教が伝来したのか、はっきりとしたことはわかっていなが、431年のエフェソス公会議で異端とされ、東方に逃れたネストリウス派が、唐代の中国で景教と呼ばれ、信仰されていたという記録が残っている。唐代（7〜10世紀）をへて、元代（モンゴル）の14世紀に3万人ものネストリウス派キリスト教徒が中国に暮らしていたと言われるが、16世紀以降、本格的に中国でのキリスト教布教がはじまった。大航海時代では、アジアとの交易、キリスト教布教、植民地化が一体となって行なわれ、イエズス会がその中

▲左 東望洋山の聖母雪地殿教堂にて、聖母マリア像が見える。　▲右　普濟禪院に安置されている像、力強い仏教彫刻

心的な役割を果たしていた（ポルトガルは1513年に中国に到達し、1557年にマカオへの居住が許された）。

中国布教の苦戦

16世紀、マカオを中心として中国での本格的なキリスト教布教がはじまった。中国には儒教や道教、仏教など風土や民衆、政治に根ざした宗教があり、自らの優位を信じ、外来のものをこばむ保守的な民族性からキリスト教は庶民のあいだでほとんど広まることはなかった。ポルトガル人は海賊、人さらい、野蛮な民族と見られ、宣教師たちの服装は笑いもの

CHINA
マカオ

となっていた（西欧のアルファベットとはくらべものにならないほどの文字数と複雑さをもつ漢字も宣教師にとっての高い壁になった）。また皇帝を天の代理人とみる中国の価値観と、神の前ではすべての人々が平等だというキリスト教の価値観は相容れず、布教を禁じられたり、弾圧を受けることが多く、中国で本格的にキリスト教が根づいていくのはアヘン戦争以後のことだった。

中国以外の国でのキリスト教布教
スペインに征服された中南米の国やフィリピン、ポルトガル

Guiahill 中国と西欧の交わり

▲左 孫中山紀念館の内部、当時の調度品が展示されている。　▲右　街の随所に息づくキリスト教文化

に征服されたブラジルなどの国では現在、キリスト教が信仰され、スペイン語やポルトガル語が話されている。また中国と同時期の1549年以降、日本にもキリスト教の宣教師が訪れ、九州を中心に信者を獲得するようになっていた（やがて日本でもキリスト教は禁じられるようになった）。中国でキリスト教の布教に貢献した人物としてマカオで学んだマテオ・リッチが知られるが、1610年、マテオ・リッチがに北京で亡くなったとき、2500人がキリスト教を信仰していたという。同時代の日本には60〜70万人のキリスト教信者がいたと伝えられ、中国でのキリスト教布教の難しさがうかがえる。

参考文献

『マカオの歴史』(東光博英 / 大修館書店)
『マカオ歴史散歩』(菊間潤吾 / 新潮社)
『世界の歴史 25 アジアと欧米世界』(加藤祐三・川北稔 / 中央公論社)
『中国とキリスト教』(矢沢利彦 / 近藤出版社)
『中国とキリスト教』(ジャック・ジェルネ / 法政大学出版局)
『世界大百科事典』(平凡社)
[PDF] マカオ空港案内 http://machigotopub.com/pdf/macauairport.pdf

まちごとパブリッシングの旅行ガイド

Machigoto INDIA , Machigoto ASIA , Machigoto CHINA

【北インド - まちごとインド】

001 はじめての北インド
002 はじめてのデリー
003 オールド・デリー
004 ニュー・デリー
005 南デリー
012 アーグラ
013 ファテープル・シークリー
014 バラナシ
015 サールナート
022 カージュラホ
032 アムリトサル

【西インド - まちごとインド】

001 はじめてのラジャスタン
002 ジャイプル
003 ジョードプル
004 ジャイサルメール
005 ウダイプル
006 アジメール（プシュカル）
007 ビカネール
008 シェカワティ
011 はじめてのマハラシュトラ
012 ムンバイ
013 プネー
014 アウランガバード
015 エローラ
016 アジャンタ
021 はじめてのグジャラート
022 アーメダバード
023 ヴァドダラー（チャンパネール）
024 ブジ（カッチ地方）

【東インド - まちごとインド】

002 コルカタ
012 ブッダガヤ

【南インド - まちごとインド】

001 はじめてのタミルナードゥ
002 チェンナイ
003 カーンチプラム
004 マハーバリプラム
005 タンジャヴール
006 クンバコナムとカーヴェリー・デルタ
007 ティルチラパッリ
008 マドゥライ
009 ラーメシュワラム
010 カニャークマリ
021 はじめてのケーララ
022 ティルヴァナンタプラム
023 バックウォーター（コッラム〜アラップーザ）
024 コーチ（コーチン）
025 トリシュール

【ネパール - まちごとアジア】

001 はじめてのカトマンズ
002 カトマンズ
003 スワヤンブナート

004 パタン
005 バクタプル
006 ポカラ
007 ルンビニ
008 チトワン国立公園

【バングラデシュ - まちごとアジア】

001 はじめてのバングラデシュ
002 ダッカ
003 バゲルハット（クルナ）
004 シュンドルボン
005 プティア
006 モハスタン（ボグラ）
007 パハルプール

【パキスタン - まちごとアジア】

002 フンザ
003 ギルギット（KKH）
004 ラホール
005 ハラッパ
006 ムルタン

【イラン - まちごとアジア】

001 はじめてのイラン
002 テヘラン
003 イスファハン
004 シーラーズ
005 ペルセポリス
006 パサルガダエ（ナグシェ・ロスタム）
007 ヤズド
008 チョガ・ザンビル（アフヴァーズ）
009 タブリーズ

010 アルダビール

【北京 - まちごとチャイナ】

001 はじめての北京
002 故宮（天安門広場）
003 胡同と旧皇城
004 天壇と旧崇文区
005 瑠璃廠と旧宣武区
006 王府井と市街東部
007 北京動物園と市街西部
008 頤和園と西山
009 盧溝橋と周口店
010 万里の長城と明十三陵

【天津 - まちごとチャイナ】

001 はじめての天津
002 天津市街
003 浜海新区と市街南部
004 薊県と清東陵

【上海 - まちごとチャイナ】

001 はじめての上海
002 浦東新区
003 外灘と南京東路
004 淮海路と市街西部
005 虹口と市街北部
006 上海郊外（龍華・七宝・松江・嘉定）
007 水郷地帯（朱家角・周荘・同里・甪直）

【河北省 - まちごとチャイナ】

001 はじめての河北省
002 石家荘
003 秦皇島
004 承徳
005 張家口
006 保定
007 邯鄲

【江蘇省 - まちごとチャイナ】

001 はじめての江蘇省
002 はじめての蘇州
003 蘇州旧城
004 蘇州郊外と開発区
005 無錫
006 揚州
007 鎮江
008 はじめての南京
009 南京旧城
010 南京紫金山と下関
011 雨花台と南京郊外・開発区
012 徐州

【浙江省 - まちごとチャイナ】

001 はじめての浙江省
002 はじめての杭州
003 西湖と山林杭州
004 杭州旧城と開発区
005 紹興
006 はじめての寧波
007 寧波旧城
008 寧波郊外と開発区
009 普陀山
010 天台山
011 温州

【福建省 - まちごとチャイナ】

001 はじめての福建省
002 はじめての福州
003 福州旧城
004 福州郊外と開発区
005 武夷山
006 泉州
007 廈門
008 客家土楼

【広東省 - まちごとチャイナ】

001 はじめての広東省
002 はじめての広州
003 広州古城
004 天河と広州郊外
005 深圳（深セン）
006 東莞
007 開平（江門）
008 韶関
009 はじめての潮汕
010 潮州
011 汕頭

【遼寧省 - まちごとチャイナ】

001 はじめての遼寧省
002 はじめての大連
003 大連市街
004 旅順
005 金州新区

006 はじめての瀋陽
007 瀋陽故宮と旧市街
008 瀋陽駅と市街地
009 北陵と瀋陽郊外
010 撫順

【重慶 - まちごとチャイナ】

001 はじめての重慶
002 重慶市街
003 三峡下り(重慶〜宜昌)
004 大足

【香港 - まちごとチャイナ】

001 はじめての香港
002 中環と香港島北岸
003 上環と香港島南岸
004 尖沙咀と九龍市街
005 九龍城と九龍郊外
006 新界
007 ランタオ島と島嶼部

【マカオ - まちごとチャイナ】

001 はじめてのマカオ
002 セナド広場とマカオ中心部
003 媽閣廟とマカオ半島南部
004 東望洋山とマカオ半島北部
005 新口岸とタイパ・コロアン

【Juo-Mujin(電子書籍のみ)】

Juo-Mujin 香港縦横無尽
Juo-Mujin 北京縦横無尽
Juo-Mujin 上海縦横無尽

【自力旅游中国 Tabisuru CHINA】

001 バスに揺られて「自力で長城」
002 バスに揺られて「自力で石家荘」
003 バスに揺られて「自力で承徳」
004 船に揺られて「自力で普陀山」
005 バスに揺られて「自力で天台山」
006 バスに揺られて「自力で秦皇島」
007 バスに揺られて「自力で張家口」
008 バスに揺られて「自力で邯鄲」
009 バスに揺られて「自力で保定」
010 バスに揺られて「自力で清東陵」
011 バスに揺られて「自力で潮州」
012 バスに揺られて「自力で汕頭」
013 バスに揺られて「自力で温州」

【車輪はつばさ】
南インドのアイラヴァテシュワラ寺院には建築本体に車輪がついていて寺院に乗った神さまが人びとの想いを運ぶと言います。

・本書はオンデマンド印刷で作成されています。
・本書の内容に関するご意見、お問い合わせは、発行元の
　まちごとパブリッシング info@machigotopub.com までお願いします。

まちごとチャイナ
マカオ004東望洋山とマカオ半島北部
～關閘と「海の見える丘」から［モノクロノートブック版］

2017年11月14日　発行

著　者	「アジア城市（まち）案内」制作委員会
発行者	赤松　耕次
発行所	まちごとパブリッシング株式会社
	〒181-0013　東京都三鷹市下連雀4-4-36
	URL　http://www.machigotopub.com/
発売元	株式会社デジタルパブリッシングサービス
	〒162-0812　東京都新宿区西五軒町11-13
	清水ビル3F
印刷・製本	株式会社デジタルパブリッシングサービス
	URL　http://www.d-pub.co.jp/

MP116

ISBN978-4-86143-250-7 C0326　　　　Printed in Japan
本書の無断複製複写（コピー）は、著作権法上での例外を除き、禁じられています。